AF388855

ARREST
DV CONSEIL
D'ESTAT,

Portant defenses à tous Subjets du Roy, Trefo-
riers, Receueurs, Fermiers, & tous autres, de
faire aucune difficulté pour la recepte & expofition des Monnoyes d'or & d'argent, aux prix
declarez en la Declaration du 25. de ce mois :
Et attribution aux Generaux fubfidiaires &
Gardes des Monnoyes, des procez & differends qui pourront naiftre en l'execution de
l'Edict du furhauffement des Monnoyes, &
par appel à la Cour des Monnoyes.

A PARIS,

Chez Sebastien Cramoisy, Impri-
meur ordinaire du Roy, & és Monnoyes,
ruë S. Iacques, aux Cicognes.

M. DC. XXXVI.
AVEC PRIVILEGE DV ROY.

EXTRAICT DES
Regiſtres du Conſeil d'Eſtat.

E Roy ayant par ſa Declaration du vingt-cinquieſme du preſent mois, regiſtré en ſa Cour des Monnoyes, publiée à ſon de trompe, & executée en ſa ville de Paris, ordonné le ſurhauſſement & augmentation d'aucunes pieces d'or & d'argent, & diminution d'autres, auſ-

quelles auoit esté dōné cours
par sa Declaration du mois de
Mars dernier , plus que leur
valleur : & voulant Sa Majesté que sadite Declara-
tion du vingt-cinquiesme de
ce mois soit aussi obseruée en
toutes les autres Villes &
lieux de son Royaume, & autres Pays de son obeyssan-
ce , en sorte que les especes y
soient exposées & receuës
pour les prix y declarez &
en la forme prescripte par
icelle. SADITE MAIESTE'
ESTANT EN SON CON-
SEIL a ordonné & ordonne,
que copies collationnées de

ſadite Declaration du vingt-
cinquieſme du preſent mois
de Iuin, pour l'expoſition &
reception des monnoyes d'or
& d'argent, ſeront enuoyées
en toutes les autres villes &
lieux de ſon Royaume , &
Païs de ſon obeyſſance, pour
y eſtre pareillement publiée
à ſon de trompe & cry pu-
blicq , & executée ſelon ſa
forme & teneur. Fait ſa Ma-
jeſté tres-expreſſes inhibitions & defenſes à tous ſes
Sujets, Treſoriers, Receueurs
generaux & particuliers, Fermiers , & Officiers compta-
bles Cómiſſionnaires, & tous

autres d'y contreuenir; ny de
faire aucune difficulté pour
la recepte & expofition defdites monnoyes d'or & d'argent, aux prix declarez au
deffus des figures defdites efpeces, contenuës au Cahier
attaché fous le contrefeel de
ladite Declaration, fur les
peines y declarees. Et fi en
execution d'icelle il interuient quelque difficulté, oppofition, ou empefchement,
Sadite Majefté en attribuë
toute Cour, iurifdiction, &
connoiffance aux Generaux
fubfidiaires, & Gardes defdites Monnoyes eftans fur les

lieux, & par appel en ladite
Cour des Monnoyes; icelle
interdite & defenduë à toutes ses Cours de Parlemens, &
autres Iuges. Ordonne en ou-
tre sa Majesté aux Gouuerneurs, & ses Lieutenãs generaux des Prouinces, Gouuerneurs des Villes & Places;
Et enioint aux Preuosts des
Marchands, Maires, Esche-
uins, Iurats, Consuls d'icelles,
& à tous ses Officiers qu'il appartiendra, de tenir la main
à ce qu'il n'y soit contreuenu.
Fait au Conseil d'Estat du
Roy, sa Majesté y estant,
tenu à Fontainebleau le der-

nier iour de Iuin, mil six-
cens trente-six.

Signé,   DE LOMENIE.

LOVIS par la grace de
Dieu Roy de France &
de Nauarre, Dauphin de Vié-
nois, Comte de Valentinois
& Dioys, Prouence, Forcal-
quier & terres adjacentes,
aux Generaux subsidiaires &
Gardes des Monnoyes estans
en nos Prouinces, Salut. Sui-
uant l'Arrest dont l'extraict
est cy-attaché sous le contre-
seel de nostre Chancellerie,

ce iourd'huy donné en noſtre
Conſeil d'Eſtat , N o v s vous
mandons & ordonnons par
ces preſentes ſignées de noſtre
main, chacun en ſon departement, de faire publier à ſon de
trompe & cry public és villes
& lieux de l'eſtéduë d'iceluy,
tant noſtre Declaration du
vingt-cinquieſme du preſent
mois, & le cahier y attaché
ſous noſtre contreſcel , pour
l'expoſition des eſpeces d'or
& d'argent aux prix declarez
au deſſus des figures deſdites
eſpeces contenuës audit cahier, que noſtredit Arreſt &
ces preſentes, en ſorte qu'elles

ſoient executées par tout noſtre Royaume, pays, terres & Seigneuries de noſtre obeyſſance, contraignant & faiſant contraindre obſeruer le contenu en iceux tous ceux qu'il appartiendra par les voyes & peines y declarées. Voulons que tous les procez & differends qui pourront naiſtre à ceſte occaſió, ſoient par vous iugez & terminez, & par appel en noſtre Cour des Monnoyes, à laquelle, & à vous, nous en attribuons chacun en droiĉt ſoy, toute Cour, Iuriſdiction & cognoiſſance, icelle interdiſons & defendons

à toutes nos Cours de Parlemens & autres Iuges ;
ORDONNONS aux Gouuer-
neurs & nos Lieutenans Generaux de nos Prouinces,
Gouuerneurs de nos villes &
places, & enjoignons tres-ex-
preſſément aux Preuoſts des
Marchands, Maires, Eſche-
uins, Iurats, Conſuls d'icelles,
& à tous nos Officiers qu'il
appartiendra, de tenir la main
à ladite execution deſdits
Edict, Cahier, Arreſt, & des
preſentes, ſur les copies deuë-
ment collationnées par l'vn
de nos amez & feaux Conſeil-
lers & Secretaires, auſquelles

foy fera adiouftée côme aux
originaux ; & commandons
au premier noftre Huiffier,
Sergent ou Archer fur ce re-
quis, de faire lefdites lecture
& publications à fon de trompe & cry public par tout où
befoin fera, à ce qu'aucun n'en
pretende caufe d'ignorance;
Et au furplus tous autres actes
& exploits pour ce neceffai-
res, fans demander autre per-
miffion, nonobftant clameur
de Haro, Chartre Normande,
prife à partie, & lettres à ce
contraires. CAR tel eft noftre
plaifir. DONNE' à Fontainebleau le dernier iour de Iuin

l'an de grace mil six cens trente-six, & de noftre Regne le
vingtfeptiefme. Signé Lovis.
& plus bas, Par le Roy Dauphin, Comte de Prouence,
De Lomenie, & feellé du
grand feel fur fimple queuë
de cire rouge.

EXTRAICT DES REGI-
ftres de la Cour des Monnoyes.

VEV *par la Cour l'Arreft du*
Confeil du Roy du dernier
Iuin dernier, portant inhibitions &
defenfes à tous fes Suiets de contre-
uenir à la Declaration de fa Maie-
fté,& nouueau Reglement fur le faict
des Monnoyes tant de France,qu'e-

ſtrangeres, du vingt-cinquieſme dudit
mois, regiſtré en ladite Cour le vingt-
huictieſme enſuiuant, ny faire aucune difficulté pour la recepte & expoſition deſdites Mõnoyes d'or & d'argent aux prix declarez au deſſus des
figures des eſpeces contenues au cahier
attaché ſous le contreſeel de ladite
Declaration, ſur les peines y declarees; & que ſi en execution d'icelle il
interuient quelque difficulté, oppoſi-
tion ou empeſchement, ſadite Maieſté
en attribuë toute Cour, Iuriſdiction
& cognoiſſance aux Generaux ſub-
ſidiaires & Gardes deſdites Monnoyes, & par appel en lad.te Cour,
icelle interdicte & defenduë à toutes
ſes Cours de Parlemens, & autres
Iuges, & ordonné aux Gouuerneurs
& ſes Lieutenans generaux des Pro-

uinces , Gouuerneurs des villes &
places , enioinct aux Preuofts des
Marchands , Maires , Efcheuins,
Iurats, Confuls d'icelle , & à tous fes
Officiers qu'il appartiendra, de tenir
la main à ce qu'il n'y foit contreuenu.
Commiſſion fur ledit Arreſt dudit
iour , addreſſante aufdits Generaux
fubfidiaires & Gardes des Monnoyes pour faire publier à fon de trõ-
pe & cry public, és villes & lieux de
l'eſtenduë de leur Prouince chacun en
fon departement, ladite Declaration,
Arreſt & Commiſſion. Ouy & ce re-
querant le Procureur general du Roy:
LA COVR a ordonné & ordonne,
que lefdits Arreſt & Commiſſion
feront regiſtrez és Regiſtres d'icelle,
pour eſtre executez felon leur forme
& teneur, & coppie defdits Arreſt

& Commission collationnees par le
Greffier d'icelle, par luy ennoyez aux
Generaux Prouinciaux & Gardes
des Monnoyes de ce Royaume, pour
faire executer ladite Declaration chacun en leur reffort felon fa forme &
teneur, fuiuant & conformément audit Arreft du Confeil. Enioignant
aux Subftituts dudit Procureur general de tenir la main à l'execution dudit
Arreft du Confeil, Commiffion, & du
prefent Arreft faire pour ce tous de-
uoir & requifition neceffaire, à peine
d'en refpondre en leurs priuez noms.
Faict en la Cour des Monnoyes le 9.
Iuillet mil fix cens trente-fix.
Signé,   DELAISTRE.

Collationné aux originaux par moy Greffier
en chef de la Cour des Monnoyes foubfigné.